Les Coups de Gueule de *Madame* CONNASSE

à colorier

Copyright 2017 ©Pegasus Coloring Book

ISBN: 978-989-99995-2-7

Toutes les images de cet ouvrage sont soit uniques soit sous-license autorisée. Toute représentation ou reproduction intégrale ou partielle faite sans le consentement de l'éditeur est illicite.

Préface

Madame Connasse est un personnage créé pour permettre aux femmes de rire d'elles-mêmes, de leurs conditions, de leurs entourages...

Le rire est une formidable émotion pour s'évader, mais comment pousser cette évasion encore plus loin ?

J'ai opté pour le coloriage... mais à mon image.

L'opportunité de travailler avec Pegasus Coloring Book a été une révélation. Le talent des dessinateurs mêlé à mes coups de gueule choisis avec précaution donne un fabuleux outil anti-stress, déculpabilisant et drôle.

Vivez la nouvelle expérience Madame Connasse grâce à ce beau projet.

Alors à vos crayons ! Gribouillez, coloriez, rayez, raturez, défoulez vous ... c'est fait pour ça !

JE M'EN FOUS DU

Prince Charmant

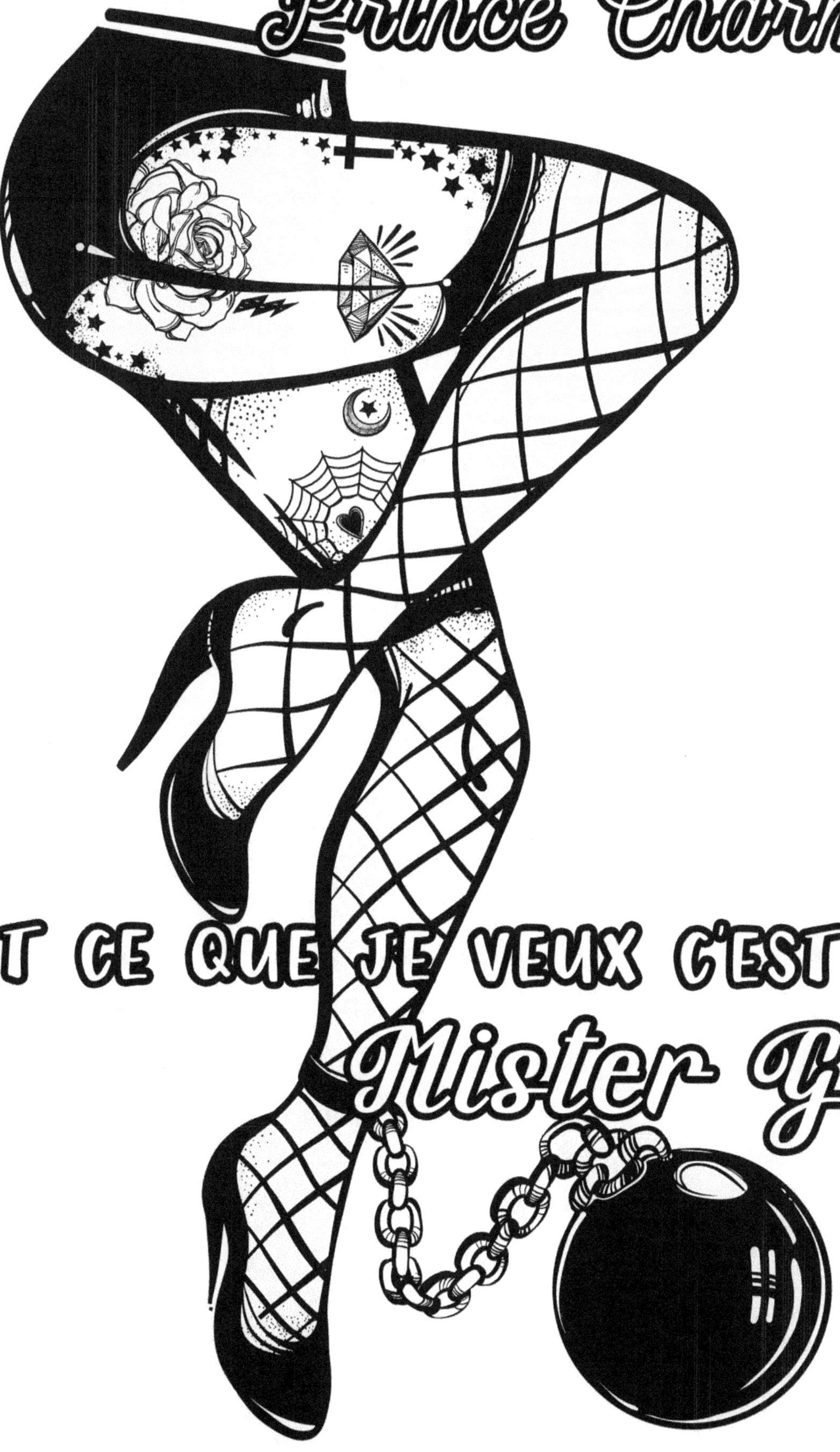

TOUT CE QUE JE VEUX C'EST

Mister Grey

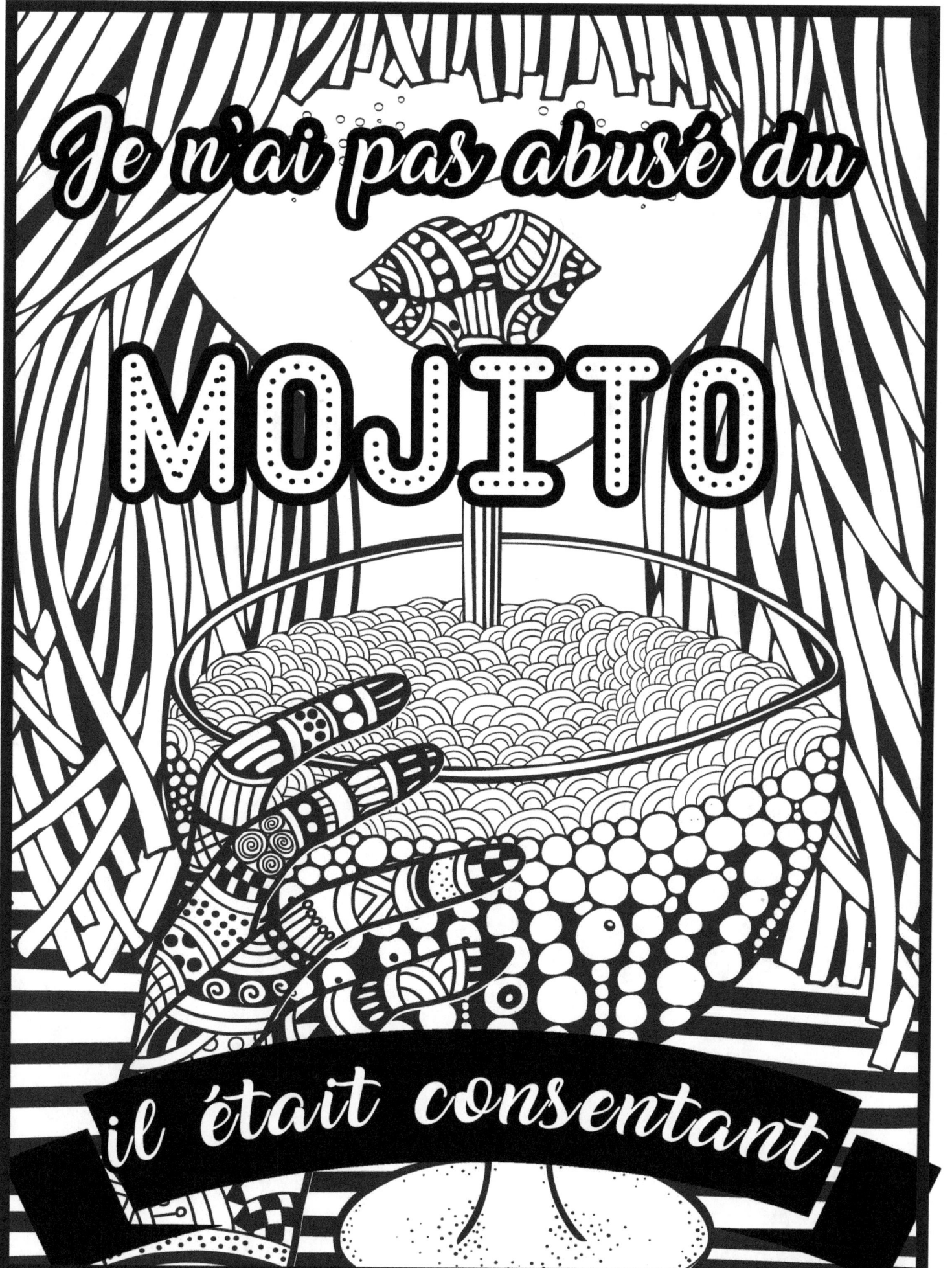

ça prend une ou deux
BAFFES ?

Tu es aussi utile qu'un SLIP DANS UN FILM PORNO

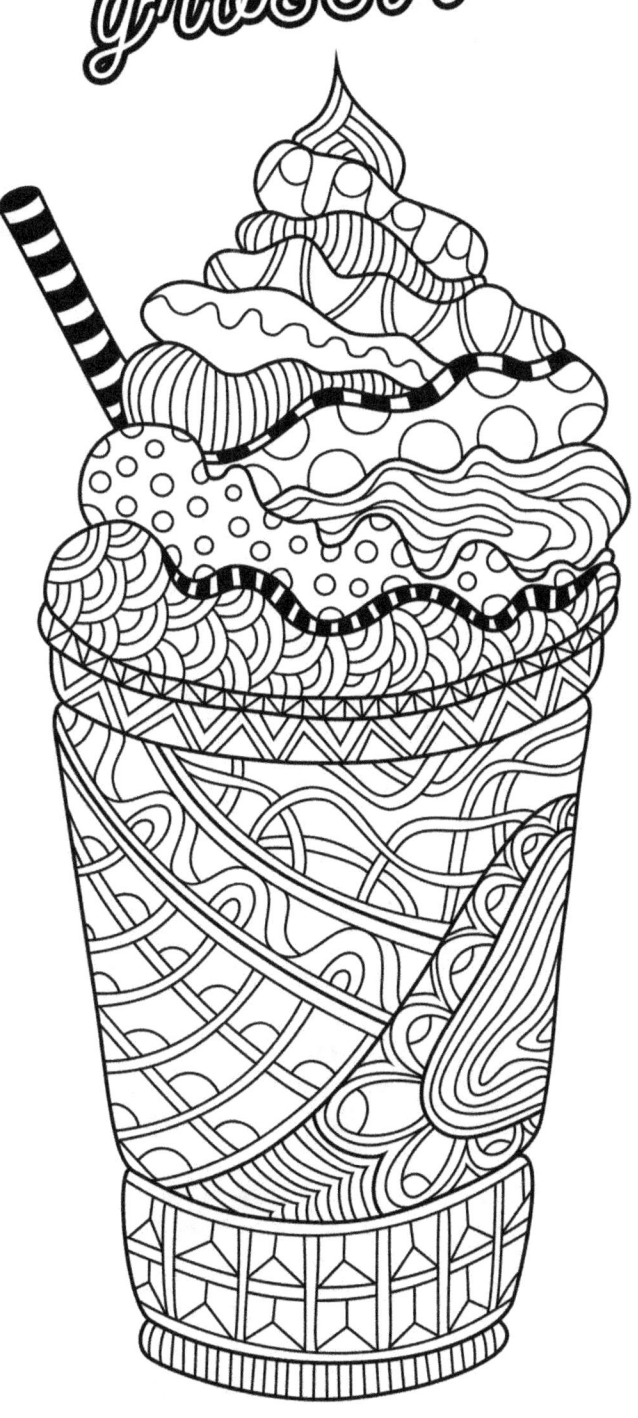

Les Connasses

n'aiment pas LES SALOPES

Je suis une Connasse

car Disney n'a pas voulu de moi comme Princesse

Designs Copyrights

Toutes les illustrations de ce livre ont été sélectionnées de manière attentive sur la plateforme Shutterstock. Un grand merci aux artistes qui ont réalisés toutes les illustrations.

Helen Lane, Alex Tanya, Anton V. Tokarev, Katja Gerasimova, Elena Barenbaum, Laroslava Darangan, Emila, ImHope, Evgeniya Chertova, OlichO, Lidia Puica, Kateryna Hamalienko, Aquarell, Nadezhda Molkentin, Irina Krivoruchko, Ennova Garilova, Bimbim / Shutterstock.

www.ingramcontent.com/pod-product-compliance
Lightning Source LLC
Chambersburg PA
CBHW081018040426
42444CB00014B/3261